UNOFFICIAL
WORDLE
PUZZLES
for
Clever
Kids

Buster Books

INTRODUCTION

This book is full of Wordle-inspired puzzles that are the perfect challenge for clever kids. There are over 180 puzzles to complete, split into four levels of difficulty, which get harder as the book progresses.

On each page is a grid. You need to find the missing five-letter word in the last row, using the letter clues in the grid and the clue at the top to help you.

A black letter on a white background means that the letter does not appear in the missing word at all.

A black letter on a shaded background means that the letter appears in the missing word but in a different position.

A white letter on a black background means that the letter appears in exactly the same position in the missing word.

The clue is 'the opposite of day', so the answer is NIGHT.

Each puzzle has a list of letters beneath it. It might help you if you cross out the letters that you know do not appear in the missing word.

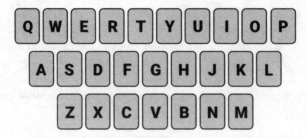

If a word in the grid has a double letter, for example, APPLE, and the missing word only has one P, the letter P is only marked once. If there are two Ps, they will both be marked.

There is a 'Time' line at the top of every page for you to write in how long it took you to complete each puzzle. All the answers are at the back of the book.

BEGINNER

PUZZLE 1:

Clue: a magical creature

W	I	T	C	H
C	H	I	E	F
S	H	I	F	T
F	L	I	P	S
F	R	I	A	R

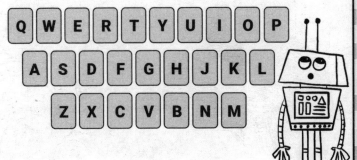

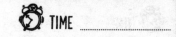

PUZZLE 2:

Clue: an African animal

R	H	I	N	O
F	R	A	M	E
R	A	C	E	D
H	E	A	R	T
B	E	A	R	S

PUZZLE 3:

Clue: an item of clothing

D	R	E	S	S
R	E	S	T	S
S	T	R	A	Y
S	T	A	I	R
S	T	I	C	K

Q	W	E	R	T	Y	U	I	O	P
A	S	D	F	G	H	J	K	L	
	Z	X	C	V	B	N	M		

PUZZLE 4:

Clue: show happiness

S	M	I	L	E
A	L	L	O	W
B	L	A	C	K
L	A	T	E	R
L	A	R	G	E

Q	W	E	R	T	Y	U	I	O	P

A	S	D	F	G	H	J	K	L

Z	X	C	V	B	N	M

PUZZLE 5:

Clue: a number

T	H	R	E	E
N	I	E	C	E
E	N	E	M	Y
N	E	R	V	E
V	E	S	T	S

Q	W	E	R	T	Y	U	I	O	P

A	S	D	F	G	H	J	K	L

Z	X	C	V	B	N	M

PUZZLE 6:

Clue: one of your senses

S	I	G	H	T
B	O	O	T	S
S	I	X	T	H
S	E	A	T	S
N	A	S	T	Y

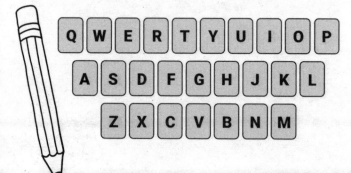

Q	W	E	R	T	Y	U	I	O	P

A	S	D	F	G	H	J	K	L

Z	X	C	V	B	N	M

PUZZLE 7:

Clue: a drink

W	A	T	E	R
C	E	L	L	O
C	H	E	C	K
D	I	S	C	O
S	A	U	C	E

Q	W	E	R	T	Y	U	I	O	P

A	S	D	F	G	H	J	K	L

Z	X	C	V	B	N	M

PUZZLE 8:

Clue: a positional word

A	B	O	V	E
R	O	B	E	S
L	A	B	E	L
B	O	X	E	R
B	R	O	W	N

Q	W	E	R	T	Y	U	I	O	P
A	S	D	F	G	H	J	K	L	
	Z	X	C	V	B	N	M		

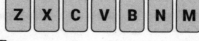

PUZZLE 9:

Clue: an organ in your body

H	E	A	R	T
R	O	A	D	S
C	H	A	I	R
P	R	A	N	K
G	R	A	B	S

Q	W	E	R	T	Y	U	I	O	P

A	S	D	F	G	H	J	K	L

Z	X	C	V	B	N	M

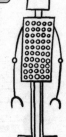

PUZZLE 10:

Clue: it tells the time

C	L	O	C	K
F	E	N	C	E
T	R	A	C	E
S	T	A	C	K
M	A	R	C	H

Q	W	E	R	T	Y	U	I	O	P

A	S	D	F	G	H	J	K	L

Z	X	C	V	B	N	M

PUZZLE 11:

Clue: a description of weight

H	E	A	V	Y
B	L	U	S	H
H	E	L	L	O
C	H	I	L	L
T	H	I	N	G

Q	W	E	R	T	Y	U	I	O	P

A	S	D	F	G	H	J	K	L

Z	X	C	V	B	N	M

PUZZLE 12:

Clue: a fruit

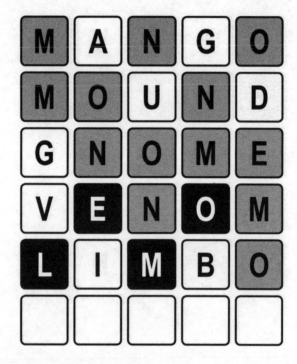

PUZZLE 13:

Clue: a type of popcorn

S	W	E	E	T
S	M	A	R	T
S	T	O	O	L
S	L	A	N	T
S	T	Y	L	E

Q	W	E	R	T	Y	U	I	O	P

A	S	D	F	G	H	J	K	L

Z	X	C	V	B	N	M

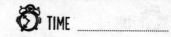

PUZZLE 14:

Clue: a stage of life

C	H	I	L	D
D	R	I	L	L
C	U	R	L	Y
B	A	D	L	Y
Q	U	I	L	T

Q W E R T Y U I O P

A S D F G H J K L

Z X C V B N M

PUZZLE 15:

Clue: a piece of furniture

T	A	B	L	E
R	O	Y	A	L
D	R	A	W	N
H	E	A	R	D
C	R	A	S	H

Q	W	E	R	T	Y	U	I	O	P

A	S	D	F	G	H	J	K	L

Z	X	C	V	B	N	M

PUZZLE 16:

Clue: found in a play

S	T	A	G	E
T	A	P	E	D
P	A	R	T	Y
C	H	E	A	T
A	B	O	U	T

PUZZLE 17:

Clue: what you can do in a playground

S	L	I	D	E
F	L	I	N	G
B	L	I	N	K
S	L	I	C	E
C	L	I	C	K

Q W E R T Y U I O P
A S D F G H J K L
Z X C V B N M

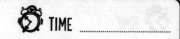

PUZZLE 18:

Clue: perhaps

M	A	Y	B	E
M	U	N	C	H
M	U	S	I	C
M	O	N	T	H
M	O	I	S	T

Q	W	E	R	T	Y	U	I	O	P

A	S	D	F	G	H	J	K	L

Z	X	C	V	B	N	M

PUZZLE 19:

Clue: more than needed

E	X	T	R	A
A	L	E	R	T
B	E	A	R	D
Y	E	A	R	S
S	H	A	R	P

Q	W	E	R	T	Y	U	I	O	P

A	S	D	F	G	H	J	K	L

Z	X	C	V	B	N	M

PUZZLE 20:

Clue: seaside

B	E	A	C	H
S	C	A	R	F
T	H	A	W	S
R	E	A	C	T
C	H	A	R	T

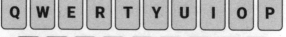

BEGINNER

PUZZLE 21:

Clue: a place on the podium

F	I	R	S	T
S	T	A	I	R
F	A	I	T	H
W	H	I	T	E
S	H	I	F	T

Q	W	E	R	T	Y	U	I	O	P

A	S	D	F	G	H	J	K	L

Z	X	C	V	B	N	M

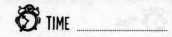 TIME ....

PUZZLE 22:

Clue: excellent

G	R	E	A	T
R	H	Y	M	E
E	R	A	S	E
F	I	R	E	S
P	O	S	E	R

Q W E R T Y U I O P

A S D F G H J K L

Z X C V B N M

PUZZLE 23:

Clue: royal

C	R	O	W	**N**
S	T	A	I	**N**
B	E	G	U	**N**
S	E	V	E	**N**
H	U	M	A	**N**

QWERTYUIOP
ASDFGHJKL
ZXCVBNM

TIME ....

PUZZLE 24:

Clue: something you do with a ball

T	H	R	O	W
N	I	G	H	T
H	A	B	I	T
L	A	U	G	H
R	A	N	C	H

Q	W	E	R	T	Y	U	I	O	P

A	S	D	F	G	H	J	K	L

Z	X	C	V	B	N	M

PUZZLE 25:

Clue: quarrel

F	I	G	H	T
W	A	G	O	N
S	U	G	A	R
B	E	G	U	N
A	N	G	R	Y

Q	W	E	R	T	Y	U	I	O	P

A	S	D	F	G	H	J	K	L

Z	X	C	V	B	N	M

PUZZLE 26:

Clue: a common dessert ingredient

F	R	U	I	T
D	R	O	N	E
E	R	A	S	E
F	R	A	M	E
C	R	U	M	B

Q W E R T Y U I O P

A S D F G H J K L

Z X C V B N M

PUZZLE 27:

Clue: keen

R	E	A	D	Y
A	R	E	N	A
C	A	R	V	E
R	A	N	G	E
G	A	M	E	R

Q	W	E	R	T	Y	U	I	O	P

A	S	D	F	G	H	J	K	L

Z	X	C	V	B	N	M

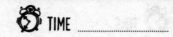

PUZZLE 28:

Clue: person at a wedding

B	R	I	D	E
T	R	A	I	N
A	R	G	U	E
C	R	E	A	M
W	R	O	N	G

PUZZLE 29:

Clue: something sweet

C	A	N	D	Y
L	E	A	R	N
A	C	T	O	R
L	A	S	E	R
E	A	G	E	R

Q W E R T Y U I O P

A S D F G H J K L

Z X C V B N M

PUZZLE 30:

Clue: a long-legged bird

H	E	R	O	N
O	W	N	E	R
B	R	A	V	O
F	O	R	K	S
R	O	A	S	T

Q	W	E	R	T	Y	U	I	O	P

A	S	D	F	G	H	J	K	L

Z	X	C	V	B	N	M

PUZZLE 31:

Clue: a precious gem

J	E	W	E	L
D	E	V	I	L
L	E	G	A	L
M	E	D	A	L
R	E	P	E	L

Q	W	E	R	T	Y	U	I	O	P

A	S	D	F	G	H	J	K	L

Z	X	C	V	B	N	M

BEGINNER

TIME

PUZZLE 32:

Clue: something you might do while you're asleep

D	R	E	A	M
T	H	R	E	E
R	A	N	G	E
U	N	C	L	E
S	N	A	K	E

Q	W	E	R	T	Y	U	I	O	P

A	S	D	F	G	H	J	K	L

Z	X	C	V	B	N	M

PUZZLE 33:

Clue: make a loud sound

S	H	O	U	T
W	H	A	L	E
T	H	I	E	F
S	H	R	E	D
C	H	O	I	R

Q	W	E	R	T	Y	U	I	O	P

A	S	D	F	G	H	J	K	L

Z	X	C	V	B	N	M

⏰ TIME ....

PUZZLE 34:

Clue: entire, all

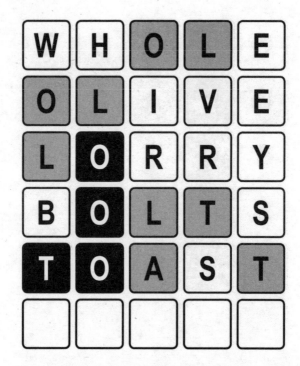

W	H	O	L	E
O	L	I	V	E
L	O	R	R	Y
B	O	L	T	S
T	O	A	S	T

Q	W	E	R	T	Y	U	I	O	P
A	S	D	F	G	H	J	K	L	
	Z	X	C	V	B	N	M		

PUZZLE 35:

Clue: something you do with your fingers

C	L	I	C	K
O	N	I	O	N
C	R	I	S	P
S	P	I	N	E
T	Y	I	N	G

Q	W	E	R	T	Y	U	I	O	P

A	S	D	F	G	H	J	K	L

Z	X	C	V	B	N	M

INTERMEDIATE

PUZZLE 36:

Clue: found on a dining table

P	L	A	T	E
C	H	I	M	P
T	Y	P	E	S
R	A	S	P	Y
P	O	N	D	S

Q	W	E	R	T	Y	U	I	O	P

A	S	D	F	G	H	J	K	L

Z	X	C	V	B	N	M

PUZZLE 37:

Clue: move quietly

S	N	**E**	A	K
D	U	**E**	T	S
F	L	**E**	S	H
S	C	**E**	N	T
O	P	**E**	R	A

PUZZLE 38:

Clue: something you can do with bread

T	O	A	S	T
B	U	R	N	S
U	S	U	A	L
L	A	S	E	R
C	L	A	M	S

Q	W	E	R	T	Y	U	I	O	P
A	S	D	F	G	H	J	K	L	
	Z	X	C	V	B	N	M		

PUZZLE 39:

Clue: a flower

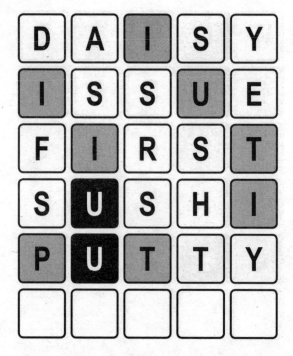

D	A	I	S	Y
I	S	S	U	E
F	I	R	S	T
S	U	S	H	I
P	U	T	T	Y

Q	W	E	R	T	Y	U	I	O	P

A	S	D	F	G	H	J	K	L

Z	X	C	V	B	N	M

PUZZLE 40:

Clue: incorrect, a mistake

W	R	O	N	G
O	R	C	A	S
B	R	A	V	O
C	R	E	P	E
O	R	D	E	R

Q	W	E	R	T	Y	U	I	O	P

A	S	D	F	G	H	J	K	L

Z	X	C	V	B	N	M

PUZZLE 41:

Clue: in advance

E	A	R	L	Y
T	E	A	S	E
W	H	A	L	E
A	B	O	V	E
A	R	E	N	A

Q W E R T Y U I O P

A S D F G H J K L

Z X C V B N M

PUZZLE 42:

Clue: something to read

N	O	V	E	L
W	O	R	D	S
D	O	I	N	G
M	O	I	S	T
C	O	R	G	I

Q	W	E	R	T	Y	U	I	O	P

A	S	D	F	G	H	J	K	L

Z	X	C	V	B	N	M

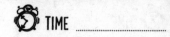
PUZZLE 43:

Clue: something you might write

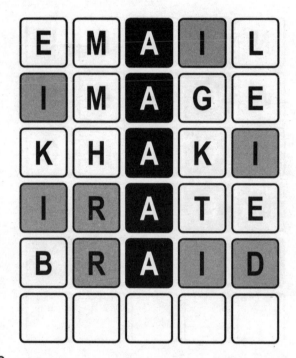

E	M	A	I	L
I	I M	A G E	G	E
K	H	A	K	I
I	R	A	T	E
B	R	A	I	D

| Q | W | E | R | T | Y | U | I | O | P |

| A | S | D | F | G | H | J | K | L |

| Z | X | C | V | B | N | M |

PUZZLE 44:

Clue: little

S	M	A	L	L
S	P	E	N	D
S	U	L	K	Y
S	T	A	I	R
S	I	X	T	H

Q	W	E	R	T	Y	U	I	O	P
A	S	D	F	G	H	J	K	L
Z	X	C	V	B	N	M

PUZZLE 45:

Clue: big

L	A	R	G	E
M	A	G	M	A
B	E	G	A	N
A	L	O	N	G
G	A	I	N	S

Q	W	E	R	T	Y	U	I	O	P

A	S	D	F	G	H	J	K	L

Z	X	C	V	B	N	M

PUZZLE 46:

Clue: something you might do with your hair

B	R	U	S	H
M	A	I	D	S
C	O	S	T	S
E	X	I	S	T
E	S	S	A	Y

Q	W	E	R	T	Y	U	I	O	P

A	S	D	F	G	H	J	K	L

Z	X	C	V	B	N	M

PUZZLE 47:

Clue: something you might have at a birthday party

G	I	F	T	S
S	W	I	R	L
I	T	E	M	S
P	R	I	S	M
U	S	I	N	G

PUZZLE 48:

Clue: sold by a butcher

M	I	N	C	E
E	D	G	E	D
J	O	K	E	R
P	E	S	K	Y
K	I	L	T	S

Q W E R T Y U I O P

A S D F G H J K L

Z X C V B N M

PUZZLE 49:

Clue: obvious

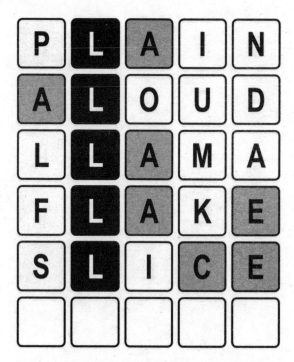

P	L	A	I	N
A	L	O	U	D
L	L	A	M	A
F	L	A	K	E
S	L	I	C	E

Q W E R T Y U I O P
A S D F G H J K L
Z X C V B N M

PUZZLE 50:

Clue: found on a bed

S	H	E	E	**T**
B	O	A	S	**T**
M	**I**	G	H	**T**
L	E	A	P	**T**
F	R	**U**	**I**	**T**

Q	W	E	R	T	Y	U	I	O	P

A	S	D	F	G	H	J	K	L

Z	X	C	V	B	N	M

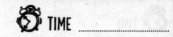 TIME ....

PUZZLE 51:

Clue: increase

R	A	I	S	E
F	L	U	S	H
D	I	T	S	Y
L	A	S	S	O
O	B	E	S	E

PUZZLE 52:

Clue: push

S	H	O	V	E
W	R	I	T	E
D	R	O	N	E
A	N	G	L	E
G	R	A	D	E

Q	W	E	R	T	Y	U	I	O	P

A	S	D	F	G	H	J	K	L

Z	X	C	V	B	N	M

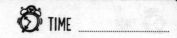

PUZZLE 53:

Clue: squash

P	R	E	S	S
E	R	A	S	E
W	R	I	S	T
G	R	O	S	S
T	R	U	S	T

Q	W	E	R	T	Y	U	I	O	P
A	S	D	F	G	H	J	K	L	
	Z	X	C	V	B	N	M		

PUZZLE 54:

Clue: a fruit

P	E	A	C	H
S	T	A	R	T
I	M	A	G	E
O	V	A	L	S
A	G	A	I	N

Q	W	E	R	T	Y	U	I	O	P

A	S	D	F	G	H	J	K	L

Z	X	C	V	B	N	M

PUZZLE 55:

Clue: shred

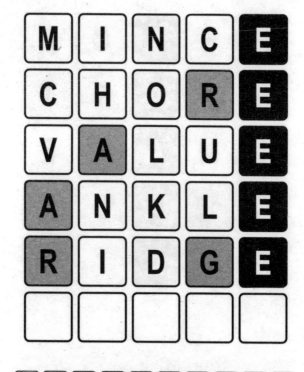

M	I	N	C	E
C	H	O	R	E
V	A	L	U	E
A	N	K	L	E
R	I	D	G	E

Q	W	E	R	T	Y	U	I	O	P
A	S	D	F	G	H	J	K	L
Z	X	C	V	B	N	M

PUZZLE 56:

Clue: to clean

B	A	T	H	E
O	B	E	Y	S
U	N	B	O	X
T	R	I	B	E
R	U	S	T	Y

Q	W	E	R	T	Y	U	I	O	P

A	S	D	F	G	H	J	K	L

Z	X	C	V	B	N	M

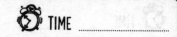

PUZZLE 57:

Clue: do with money

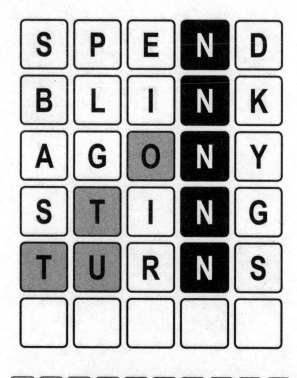

S	P	E	N	D
B	L	I	N	K
A	G	O	N	Y
S	T	I	N	G
T	U	R	N	S

PUZZLE 58:

Clue: a part of a flower

P	E	T	A	L
A	L	E	R	T
T	A	L	O	N
A	N	T	S	Y
L	A	C	E	S

Q	W	E	R	T	Y	U	I	O	P

A	S	D	F	G	H	J	K	L

Z	X	C	V	B	N	M

PUZZLE 59:

Clue: a supernatural creature

G	H	O	S	T
O	R	B	I	T
F	O	R	C	E
V	I	D	E	O
M	O	O	D	Y

Q W E R T Y U I O P
A S D F G H J K L
Z X C V B N M

PUZZLE 60:

Clue: found in a park

P	L	A	N	T
B	E	A	C	H
T	I	A	R	A
S	O	A	P	Y
U	S	A	G	E

Q	W	E	R	T	Y	U	I	O	P

A	S	D	F	G	H	J	K	L

Z	X	C	V	B	N	M

PUZZLE 61:

Clue: a planet in our Solar System

E	A	R	T	H
R	I	D	G	E
W	O	M	E	N
S	N	E	A	K
N	U	R	S	E

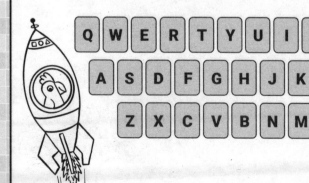

Q W E R T Y U I O P

A S D F G H J K L

Z X C V B N M

PUZZLE 62:

Clue: a water bird

G	O	O	S	E
V	I	D	E	O
O	U	G	H	T
C	H	O	I	R
E	R	O	D	E

Q W E R T Y U I O P

A S D F G H J K L

Z X C V B N M

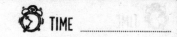
PUZZLE 63:

Clue: follow

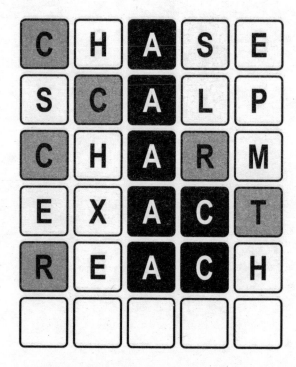

PUZZLE 64:

Clue: a small boat

C	A	N	O	E
P	A	R	T	Y
Y	A	W	N	S
T	A	C	K	Y
B	A	K	E	R

Q	W	E	R	T	Y	U	I	O	P

A	S	D	F	G	H	J	K	L

Z	X	C	V	B	N	M

PUZZLE 65:

Clue: a type of fabric

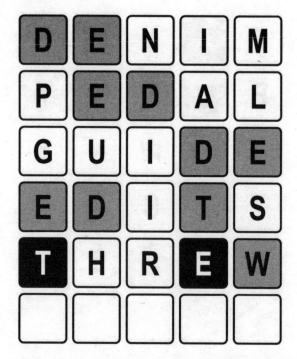

D	E	N	I	M
P	E	D	A	L
G	U	I	D	E
E	D	I	T	S
T	H	R	E	W

Q	W	E	R	T	Y	U	I	O	P

A	S	D	F	G	H	J	K	L

Z	X	C	V	B	N	M

PUZZLE 66:

Clue: a trophy

P	R	I	Z	E
R	O	C	K	Y
B	U	R	N	T
W	I	S	E	R
D	R	E	A	M

Q W E R T Y U I O P

A S D F G H J K L

Z X C V B N M

PUZZLE 67:

Clue: take delight in

E	N	J	O	Y
P	O	E	M	S
O	T	H	E	R
P	I	A	N	O
B	R	E	A	K

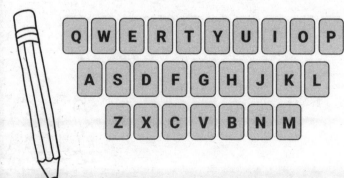

Q W E R T Y U I O P
A S D F G H J K L
Z X C V B N M

PUZZLE 68:

Clue: a sea creature

S	H	A	R	K
S	T	O	N	E
S	W	I	N	G
S	A	N	D	Y
S	U	I	T	S

Q	W	E	R	T	Y	U	I	O	P

A	S	D	F	G	H	J	K	L

Z	X	C	V	B	N	M

PUZZLE 69:

Clue: cold

B	L	E	A	K
L	O	C	K	S
T	U	N	I	C
N	A	C	H	O
L	U	N	C	H

PUZZLE 70:

Clue: a breakfast item

T	O	A	S	T
U	P	S	E	T
G	U	E	S	T
S	K	I	R	T
I	N	P	U	T

Q W E R T Y U I O P

A S D F G H J K L

Z X C V B N M

PUZZLE 71:

Clue: a flash of light

F	L	A	R	E
D	R	I	N	K
M	O	T	O	R
T	H	U	M	B
R	U	G	B	Y

Q	W	E	R	T	Y	U	I	O	P

A	S	D	F	G	H	J	K	L

Z	X	C	V	B	N	M

PUZZLE 72:

Clue: a small mammal

M	O	U	S	E
E	D	I	T	S
P	E	S	K	Y
U	S	E	R	S
W	R	A	P	S

Q	W	E	R	T	Y	U	I	O	P

A	S	D	F	G	H	J	K	L

Z	X	C	V	B	N	M

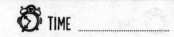

PUZZLE 73:

Clue: a type of metal

S	T	E	E	L
U	**S**	I	N	G
P	E	**S**	T	O
I	**S**	**S**	U	E
B	**A**	**S**	E	**S**

Q	W	E	R	T	Y	U	I	O	P

A	S	D	F	G	H	J	K	L

Z	X	C	V	B	N	M

PUZZLE 74:

Clue: something a swimmer might do

F	L	O	A	T
L	A	U	G	H
V	I	O	L	A
A	L	L	O	W
W	A	R	M	S

Q	W	E	R	T	Y	U	I	O	P

A	S	D	F	G	H	J	K	L

Z	X	C	V	B	N	M

PUZZLE 75:

Clue: a place for holidaymakers to stay

H	O	T	E	L
L	U	C	K	Y
B	L	A	N	D
L	O	Y	A	L
S	A	L	V	E

Q	W	E	R	T	Y	U	I	O	P

A	S	D	F	G	H	J	K	L

Z	X	C	V	B	N	M

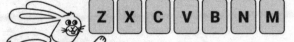

PUZZLE 76:

Clue: what something is worth

P	R	I	C	E
J	U	D	G	E
F	L	U	K	E
U	N	C	L	E
O	L	I	V	E

| Q | W | E | R | T | Y | U | I | O | P |

| A | S | D | F | G | H | J | K | L |

| Z | X | C | V | B | N | M |

PUZZLE 77:

Clue: eat this between meals

S	N	A	C	K
M	E	D	I	A
E	V	A	D	E
P	A	S	T	A
A	T	T	I	C

Q	W	E	R	T	Y	U	I	O	P

A	S	D	F	G	H	J	K	L

Z	X	C	V	B	N	M

PUZZLE 78:

Clue: a common curry ingredient

S	P	I	C	E
D	A	I	L	Y
M	O	I	S	T
R	H	I	N	O
N	O	I	S	E

Q W E R T Y U I O P

A S D F G H J K L

Z X C V B N M

PUZZLE 79:

Clue: something you do with perfume

S	P	R	A	Y
S	T	O	C	K
S	U	S	H	I
S	I	F	T	S
S	O	N	I	C

Q	W	E	R	T	Y	U	I	O	P

A	S	D	F	G	H	J	K	L

Z	X	C	V	B	N	M

PUZZLE 80:

Clue: a theory or feeling

G	U	E	S	S
B	U	I	L	D
L	U	C	K	Y
C	U	M	I	N
O	U	G	H	T

Q	W	E	R	T	Y	U	I	O	P

A	S	D	F	G	H	J	K	L

Z	X	C	V	B	N	M

PUZZLE 81:

Clue: fast

Q	U	I	C	K
K	H	A	K	I
I	D	E	A	L
A	D	O	P	T
P	I	Z	Z	A

Q	W	E	R	T	Y	U	I	O	P

A	S	D	F	G	H	J	K	L

Z	X	C	V	B	N	M

PUZZLE 82:

Clue: evade

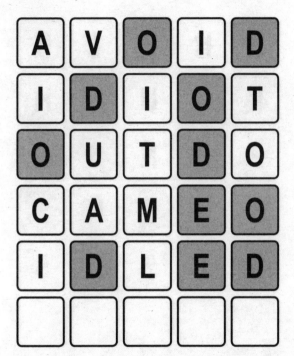

A	V	O	I	D
I	D	I	O	T
O	U	T	D	O
C	A	M	E	O
I	D	L	E	D

Q	W	E	R	T	Y	U	I	O	P
A	S	D	F	G	H	J	K	L	
Z	X	C	V	B	N	M			

PUZZLE 83:

Clue: found at a market

F	R	U	I	T
L	A	U	G	H
P	A	N	S	Y
W	A	L	K	S
V	I	S	A	S

PUZZLE 84:

Clue: to conceal something

C	O	V	E	R
C	A	R	G	O
C	H	A	O	S
C	O	B	R	A
C	A	K	E	D

Q	W	E	R	T	Y	U	I	O	P

A	S	D	F	G	H	J	K	L

Z	X	C	V	B	N	M

PUZZLE 85:

Clue: a rest; intermission

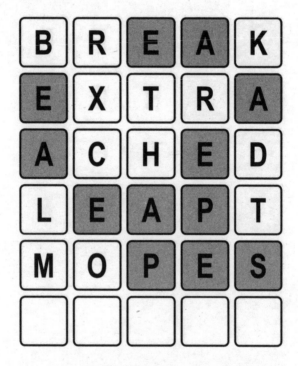

B	R	E	A	K
E	X	T	R	A
A	C	H	E	D
L	E	A	P	T
M	O	P	E	S

Q W E R T Y U I O P
A S D F G H J K L
Z X C V B N M

PUZZLE 86:

Clue: a Mexican food item

N	**A**	C	H	O
B	**A**	D	G	E
P	**A**	I	N	T
L	**A**	S	E	R
F	**A**	T	A	L

Q	W	E	R	T	Y	U	I	O	P
	A	S	D	F	G	H	J	K	L
		Z	X	C	V	B	N	M	

PUZZLE 87:

Clue: you can ride this

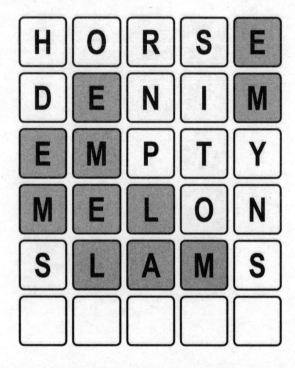

H	O	R	S	E
D	E	N	I	M
E	M	P	T	Y
M	E	L	O	N
S	L	A	M	S

Q W E R T Y U I O P
A S D F G H J K L
Z X C V B N M

PUZZLE 88:

Clue: found on a farm

S	H	E	E	P
Q	U	E	R	Y
D	R	E	A	M
I	D	E	A	S
S	L	E	D	S

Q	W	E	R	T	Y	U	I	O	P

A	S	D	F	G	H	J	K	L

Z	X	C	V	B	N	M

PUZZLE 89:

Clue: a kind of park

T	H	E	M	E
U	N	T	I	E
T	R	I	K	E
B	A	T	H	E
A	N	K	L	E

Q	W	E	R	T	Y	U	I	O	P

A	S	D	F	G	H	J	K	L

Z	X	C	V	B	N	M

PUZZLE 90:

Clue: a type of dance

S	A	M	B	A
C	A	N	O	E
T	A	X	I	S
V	A	U	L	T
L	A	W	N	S

Q	W	E	R	T	Y	U	I	O	P

A	S	D	F	G	H	J	K	L

Z	X	C	V	B	N	M

ADVANCED

PUZZLE 91:

Clue: the end

F	I	N	A	L
S	P	E	L	T
B	E	N	C	H
R	A	C	E	D
Y	E	L	P	S

Q W E R T Y U I O P

A S D F G H J K L

Z X C V B N M

PUZZLE 92:

Clue: protective clothing

A	P	R	O	N
Y	O	U	N	G
T	A	N	G	O
V	E	G	A	N
M	O	V	E	D

Q W E R T Y U I O P

A S D F G H J K L

Z X C V B N M

PUZZLE 93:

Clue: learn, practise

T	R	A	I	N
H	O	T	E	L
A	D	M	I	T
D	E	B	U	T
T	O	Y	E	D

Q	W	E	R	T	Y	U	I	O	P

A	S	D	F	G	H	J	K	L

Z	X	C	V	B	N	M

PUZZLE 94:

Clue: give off light

S	H	I	N	E
E	A	R	T	H
N	A	M	E	D
A	R	G	U	E
A	M	O	N	G

Q	W	E	R	T	Y	U	I	O	P

A	S	D	F	G	H	J	K	L

Z	X	C	V	B	N	M

PUZZLE 95:

Clue: a casing or support

F	R	A	M	E
D	E	P	T	H
H	O	V	E	R
B	A	T	H	E
A	L	L	E	Y

Q W E R T Y U I O P

A S D F G H J K L

Z X C V B N M

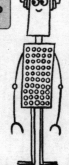

PUZZLE 96:

Clue: a kind of music

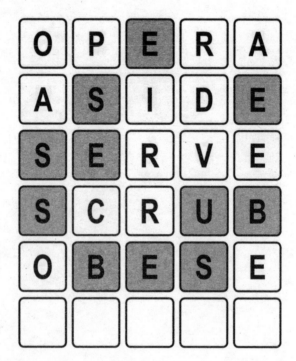

O	P	E	R	A
A	S	I	D	E
S	E	R	V	E
S	C	R	U	B
O	B	E	S	E

PUZZLE 97:

Clue: direct, navigate

S	T	E	E	R
M	A	T	C	H
T	O	D	A	Y
S	P	O	T	S
C	L	U	M	P

Q	W	E	R	T	Y	U	I	O	P

A	S	D	F	G	H	J	K	L

Z	X	C	V	B	N	M

PUZZLE 98:

Clue: weather

C	L	E	A	R
R	U	L	E	D
O	R	G	A	N
R	O	P	E	S
M	A	Y	O	R

Q	W	E	R	T	Y	U	I	O	P

A	S	D	F	G	H	J	K	L

Z	X	C	V	B	N	M

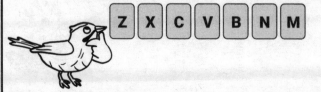

PUZZLE 99:

Clue: a funny person

C	L	O	W	N
O	U	G	H	T
P	E	S	T	O
A	D	O	R	E
G	E	C	K	O

Q W E R T Y U I O P

A S D F G H J K L

Z X C V B N M

PUZZLE 100:

Clue: something to sit on in a park

B	E	N	C	H
A	N	G	E	L
N	U	D	G	E
G	E	N	I	E
K	N	O	W	N

Q	W	E	R	T	Y	U	I	O	P

A	S	D	F	G	H	J	K	L

Z	X	C	V	B	N	M

PUZZLE 101:

Clue: say, state

S	P	E	A	K
C	R	U	E	L
O	C	E	A	N
D	E	C	O	Y
C	A	V	E	S

Q W E R T Y U I O P
A S D F G H J K L
Z X C V B N M

PUZZLE 102:

Clue: a kind of tree

B	E	E	C	H
O	T	H	E	R
S	P	E	A	R
P	E	C	A	N
A	M	E	N	D

Q	W	E	R	T	Y	U	I	O	P

A	S	D	F	G	H	J	K	L

Z	X	C	V	B	N	M

PUZZLE 103:

Clue: kitchen utensil

W	H	I	S	K
R	I	S	E	N
S	C	E	N	T
N	A	S	T	Y
S	P	O	O	N

Q	W	E	R	T	Y	U	I	O	P

A	S	D	F	G	H	J	K	L

Z	X	C	V	B	N	M

PUZZLE 104:

Clue: shade of brown

K	H	A	K	**I**
F	L	U	**I**	D
E	M	O	J	**I**
G	**I**	V	**E**	N
R	U	**G**	**B**	Y

PUZZLE 105:

Clue: something worn around the neck

S	C	A	R	F
D	A	I	S	Y
A	M	A	Z	E
E	X	A	M	S
B	A	K	E	D

Q	W	E	R	T	Y	U	I	O	P

A	S	D	F	G	H	J	K	L

Z	X	C	V	B	N	M

PUZZLE 106:

Clue: a facial expression

F	R	O	W	N
L	U	R	C	H
T	A	M	E	R
W	O	R	M	S
M	A	K	E	R

Q	W	E	R	T	Y	U	I	O	P

A	S	D	F	G	H	J	K	L

Z	X	C	V	B	N	M

PUZZLE 107:

Clue: a black-and-white animal

P	A	N	D	A
N	E	V	E	R
B	I	S	O	N
N	U	R	S	E
K	I	N	G	S

Q	W	E	R	T	Y	U	I	O	P

A	S	D	F	G	H	J	K	L

Z	X	C	V	B	N	M

PUZZLE 108:

Clue: important

M	A	J	O	R
A	C	U	T	E
P	L	A	N	T
T	A	L	L	Y
A	V	E	R	T

Q	W	E	R	T	Y	U	I	O	P

A	S	D	F	G	H	J	K	L

Z	X	C	V	B	N	M

TIME ....

⌄ **ADVANCED**

PUZZLE 109:

Clue: figure something out

G	R	A	S	P
M	U	S	I	C
A	C	H	E	S
L	E	A	S	T
V	I	E	W	S

Q W E R T Y U I O P

A S D F G H J K L

Z X C V B N M

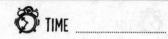

PUZZLE 110:

Clue: unclear

F	U	Z	Z	Y
U	N	I	T	S
Y	O	U	N	G
G	U	A	R	D
R	I	V	A	L

Q W E R T Y U I O P
A S D F G H J K L
Z X C V B N M

PUZZLE 111:

Clue: change

A	L	T	E	R
T	O	D	A	Y
H	U	N	T	S
O	F	T	E	N
F	R	O	T	H

Q	W	E	R	T	Y	U	I	O	P

A	S	D	F	G	H	J	K	L

Z	X	C	V	B	N	M

PUZZLE 112:

Clue: protect

G	U	A	R	D
W	R	I	S	T
R	E	P	L	Y
A	D	O	R	E
O	R	C	A	S

Q	W	E	R	T	Y	U	I	O	P

A	S	D	F	G	H	J	K	L

Z	X	C	V	B	N	M

PUZZLE 113:

Clue: take without permission

S	T	E	A	L
A	R	G	U	E
H	A	I	R	Y
S	H	O	A	L
A	D	O	P	T

Q	W	E	R	T	Y	U	I	O	P
A	S	D	F	G	H	J	K	L	

Z	X	C	V	B	N	M

PUZZLE 114:

Clue: something you might use in an art class

P	A	I	N	T
A	L	B	U	M
V	O	C	A	L
L	A	U	G	H
A	C	H	E	D

Q	W	E	R	T	Y	U	I	O	P

A	S	D	F	G	H	J	K	L

Z	X	C	V	B	N	M

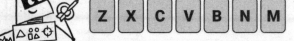

PUZZLE 115:

Clue: it grows on trees and bushes

F	R	U	I	T
R	O	C	K	S
C	L	E	A	R
R	H	Y	M	E
E	M	B	E	R

Q	W	E	R	T	Y	U	I	O	P

A	S	D	F	G	H	J	K	L

Z	X	C	V	B	N	M

PUZZLE 116:

Clue: found on your hand

D	I	G	I	T
C	O	A	T	S
M	E	R	I	T
S	T	R	U	M
H	U	N	T	S

Q	W	E	R	T	Y	U	I	O	P

A	S	D	F	G	H	J	K	L

Z	X	C	V	B	N	M

PUZZLE 117:

Clue: go down

L	O	W	E	R
T	R	A	I	**L**
C	**U**	R	**L**	Y
L	E	**M**	U	R
P	**U**	P	I	**L**

Q	W	E	R	T	Y	U	I	O	P

A	S	D	F	G	H	J	K	L

Z	X	C	V	B	N	M

PUZZLE 118:

Clue: a way to cook

G	R	I	L	L
C	H	U	R	N
B	A	R	G	E
E	X	T	R	A
T	R	I	P	S

Q W E R T Y U I O P

A S D F G H J K L

Z X C V B N M

PUZZLE 119:

Clue: an animal noise

G	R	O	W	L
L	I	N	K	S
C	R	U	E	L
A	M	P	L	E
L	O	B	E	S

Q	W	E	R	T	Y	U	I	O	P

A	S	D	F	G	H	J	K	L

Z	X	C	V	B	N	M

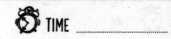

PUZZLE 120:

Clue: belief

T	R	U	S	T
M	O	T	E	L
C	H	A	R	T
T	I	G	H	T
A	N	T	I	C

Q	W	E	R	T	Y	U	I	O	P

A	S	D	F	G	H	J	K	L

Z	X	C	V	B	N	M

PUZZLE 121:

Clue: a group of people

C	R	O	W	D
P	**I**	**C**	K	Y
A	**C**	O	R	**N**
U	**N**	**C**	L	E
S	**C**	**U**	**B**	A

Q	W	E	R	T	Y	U	I	O	P

A	S	D	F	G	H	J	K	L

Z	X	C	V	B	N	M

PUZZLE 122:

Clue: a small bit

P	I	E	C	E
V	E	N	O	M
J	U	D	G	E
D	E	P	T	H
T	R	A	D	E

Q	W	E	R	T	Y	U	I	O	P

A	S	D	F	G	H	J	K	L

Z	X	C	V	B	N	M

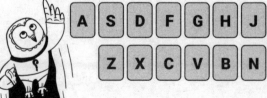

PUZZLE 123:

Clue: the same

E	Q	U	A	L
D	I	A	R	Y
A	M	O	N	G
C	L	A	M	P
S	T	E	A	M

Q W E R T Y U I O P
A S D F G H J K L
Z X C V B N M

PUZZLE 124:

Clue: quiet, low volume

M	U	T	E	D
T	O	X	I	C
W	I	D	T	H
T	R	A	I	L
A	F	T	E	R

Q	W	E	R	T	Y	U	I	O	P

A	S	D	F	G	H	J	K	L

Z	X	C	V	B	N	M

PUZZLE 125:

Clue: rank, class

L	E	V	E	L
S	P	E	C	K
T	I	M	E	D
D	E	C	A	Y
A	V	E	R	T

Q	W	E	R	T	Y	U	I	O	P

A	S	D	F	G	H	J	K	L

Z	X	C	V	B	N	M

PUZZLE 126:

Clue: edge

V	E	R	G	E
S	L	U	R	P
R	A	D	I	O
S	I	R	E	N
K	I	N	G	S

Q	W	E	R	T	Y	U	I	O	P

A	S	D	F	G	H	J	K	L

Z	X	C	V	B	N	M

PUZZLE 127:

Clue: you might do this when hot or anxious

S	W	E	A	T
D	R	O	P	S
U	S	I	N	G
S	C	R	U	B
L	U	M	P	S

Q W E R T Y U I O P

A S D F G H J K L

Z X C V B N M

?

PUZZLE 128:

Clue: a large box used for storage

T	R	U	N	K
V	I	**T**	A	L
S	**T**	O	R	M
G	A	**T**	**E**	**S**
T	W	I	C	**E**

Q	W	E	R	T	Y	U	I	O	P

A	S	D	F	G	H	J	K	L

Z	X	C	V	B	N	M

PUZZLE 129:

Clue: kitchen equipment

S	C	A	L	E
O	P	E	N	S
E	A	R	T	H
F	R	A	M	E
E	X	T	R	A

Q	W	E	R	T	Y	U	I	O	P

A	S	D	F	G	H	J	K	L

Z	X	C	V	B	N	M

PUZZLE 130:

Clue: circular

G	L	O	B	E
O	M	I	T	S
B	A	N	J	O
F	R	O	W	N
O	L	D	E	R

Q	W	E	R	T	Y	U	I	O	P

A	S	D	F	G	H	J	K	L

Z	X	C	V	B	N	M

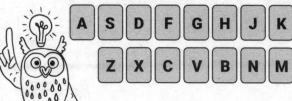

PUZZLE 131:

Clue: eco-friendly power

G	R	E	E	N
C	H	I	R	P
R	U	S	T	Y
D	R	O	P	S
R	A	I	S	E

Q	W	E	R	T	Y	U	I	O	P

A	S	D	F	G	H	J	K	L

Z	X	C	V	B	N	M

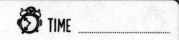

PUZZLE 132:

Clue: you might do this in your spare time

H	O	B	B	Y
O	L	I	V	E
M	A	N	O	R
W	O	R	S	E
O	A	T	H	S

Q	W	E	R	T	Y	U	I	O	P

A	S	D	F	G	H	J	K	L

Z	X	C	V	B	N	M

PUZZLE 133:

Clue: part of a bicycle

W	H	E	E	L
E	M	P	T	Y
F	I	R	E	D
C	L	E	R	K
T	A	K	E	S

Q W E R T Y U I O P

A S D F G H J K L

Z X C V B N M

PUZZLE 134:

Clue: difficult, serious

H	E	A	V	Y
C	H	I	L	D
H	A	T	E	R
M	I	G	H	T
P	H	O	T	O

Q	W	E	R	T	Y	U	I	O	P

A	S	D	F	G	H	J	K	L

Z	X	C	V	B	N	M

PUZZLE 135:

Clue: pole, cane

S	T	I	C	K
T	R	U	L	Y
W	H	E	A	T
A	T	O	M	S
O	R	B	I	T

Q	W	E	R	T	Y	U	I	O	P

A	S	D	F	G	H	J	K	L

Z	X	C	V	B	N	M

PUZZLE 136:

Clue: joke

S	P	O	O	F
C	L	U	M	P
A	P	H	I	D
C	A	P	E	R
S	P	U	R	N

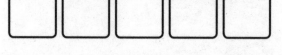

Q W E R T Y U I O P
A S D F G H J K L
Z X C V B N M

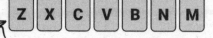

PUZZLE 137:

Clue: tread heavily, stride

S	T	O	**M**	P
D	E	N	I	**M**
I	**M**	**A**	G	E
A	L	A	R	**M**
C	**R**	U	**M**	B

Q	W	E	R	T	Y	U	I	O	P

A	S	D	F	G	H	J	K	L

Z	X	C	V	B	N	M

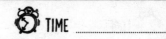

PUZZLE 138:

Clue: you can do this with your eyes

F	O	C	U	S
R	I	S	K	Y
B	R	U	S	H
P	O	R	T	S
U	P	S	E	T

PUZZLE 139:

Clue: found in a church

A	I	S	L	E
Q	U	I	E	T
H	I	N	T	S
I	T	C	H	Y
V	O	I	C	E

Q	W	E	R	T	Y	U	I	O	P

A	S	D	F	G	H	J	K	L

Z	X	C	V	B	N	M

PUZZLE 140:

Clue: a large vehicle

W	A	G	O	N
R	I	D	G	E
S	H	O	R	T
C	A	R	T	S
R	O	C	K	Y

Q	W	E	R	T	Y	U	I	O	P

A	S	D	F	G	H	J	K	L

Z	X	C	V	B	N	M

PUZZLE 141:

Clue: a kind of snake

C	O	B	R	A
R	U	N	G	S
P	R	O	U	D
C	H	I	R	P
R	E	A	P	S

Q	W	E	R	T	Y	U	I	O	P

A	S	D	F	G	H	J	K	L

Z	X	C	V	B	N	M

PUZZLE 142:

Clue: make, create

S	H	A	P	E
B	E	G	U	N
D	I	E	T	S
G	L	I	D	E
L	E	M	U	R

Q	W	E	R	T	Y	U	I	O	P

A	S	D	F	G	H	J	K	L

Z	X	C	V	B	N	M

PUZZLE 143:

Clue: cause damage

S	M	A	S	H
F	A	U	L	T
A	N	G	E	L
Y	E	A	R	N
A	B	O	V	E

Q	W	E	R	T	Y	U	I	O	P

A	S	D	F	G	H	J	K	L

Z	X	C	V	B	N	M

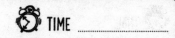

PUZZLE 144:

Clue: a warning sound

A	L	A	R	M
R	O	U	G	H
T	R	E	A	D
B	E	A	R	S
W	R	I	S	T

Q	W	E	R	T	Y	U	I	O	P
	A	S	D	F	G	H	J	K	L	
		Z	X	C	V	B	N	M		

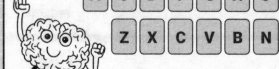

PUZZLE 145:

Clue: calmness

Q	U	I	E	T
O	V	E	N	S
E	A	R	L	Y
A	C	H	E	D
C	R	E	E	K

Q	W	E	R	T	Y	U	I	O	P
	A	S	D	F	G	H	J	K	L
		Z	X	C	V	B	N	M	

ACE PUZZLER

PUZZLE 146:

Clue: found in a bathroom

T	O	W	E	L
G	U	A	R	D
S	P	R	A	Y
D	I	A	L	S
S	O	N	A	R

Q	W	E	R	T	Y	U	I	O	P
A	S	D	F	G	H	J	K	L	
	Z	X	C	V	B	N	M		

PUZZLE 147:

Clue: a large meal

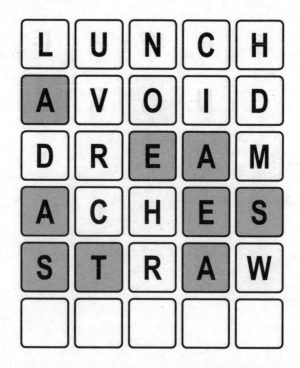

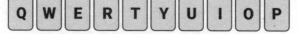

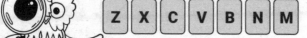

PUZZLE 148:

Clue: a kind of pain

S	T	I	N	G
L	U	C	K	Y
T	O	R	C	H
R	A	C	E	D
M	E	R	C	Y

Q W E R T Y U I O P

A S D F G H J K L

Z X C V B N M

ACE PUZZLER →

TIME

PUZZLE 149:

Clue: regularly

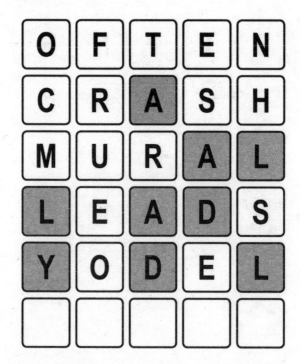

PUZZLE 150:

Clue: a waterway

R	I	V	E	R
F	O	U	N	D
B	L	O	W	N
L	E	A	N	S
A	C	O	R	N

Q	W	E	R	T	Y	U	I	O	P

A	S	D	F	G	H	J	K	L

Z	X	C	V	B	N	M

PUZZLE 151:

Clue: an emotion

H	A	P	P	Y
M	U	R	A	L
R	O	G	U	E
D	E	C	O	R
S	C	R	A	P

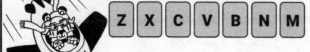

PUZZLE 152:

Clue: a sound made by a bird

T	W	E	E	T
P	L	A	N	K
S	C	O	P	E
P	E	A	C	H
H	A	R	P	S

Q	W	E	R	T	Y	U	I	O	P

A	S	D	F	G	H	J	K	L

Z	X	C	V	B	N	M

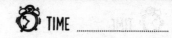

PUZZLE 153:

Clue: set out, launch

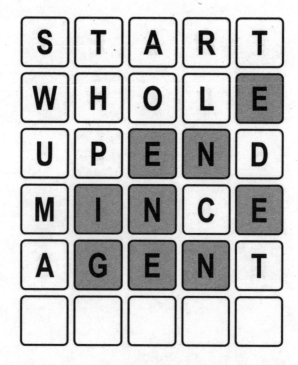

S	T	A	R	T
W	H	O	L	E
U	P	E	N	D
M	I	N	C	E
A	G	E	N	T

Q	W	E	R	T	Y	U	I	O	P

A	S	D	F	G	H	J	K	L

Z	X	C	V	B	N	M

PUZZLE 154:

Clue: nothing there

E	M	P	T	Y
G	R	O	W	L
L	A	C	E	S
A	N	G	E	L
L	I	N	K	S

Q	W	E	R	T	Y	U	I	O	P

A	S	D	F	G	H	J	K	L

Z	X	C	V	B	N	M

PUZZLE 155:

Clue: an ingredient for making bread

Y	E	A	S	T
B	R	I	D	E
G	U	A	R	D
T	R	U	L	Y
C	O	U	R	T

Q	W	E	R	T	Y	U	I	O	P

A	S	D	F	G	H	J	K	L

Z	X	C	V	B	N	M

PUZZLE 156:

Clue: get rid of, quit

L	E	A	V	E
B	O	U	N	D
G	R	I	D	S
H	U	M	I	D
T	H	U	D	S

Q	W	E	R	T	Y	U	I	O	P

A	S	D	F	G	H	J	K	L

Z	X	C	V	B	N	M

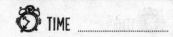
PUZZLE 157:

Clue: startle, surprise

PUZZLE 158:

Clue: found at a hotel

L	O	B	B	Y
T	R	A	I	N
W	H	I	T	E
T	A	L	E	S
R	O	U	T	E

Q	W	E	R	T	Y	U	I	O	P

A	S	D	F	G	H	J	K	L

Z	X	C	V	B	N	M

PUZZLE 159:

Clue: ruin

W	R	E	C	K
B	I	N	G	E
Q	U	I	L	T
L	I	V	E	S
C	R	I	S	P

Q W E R T Y U I O P

A S D F G H J K L

Z X C V B N M

PUZZLE 160:

Clue: gives light

T	O	R	C	H
U	R	B	A	N
W	A	T	E	R
D	E	L	A	Y
L	A	M	B	S

Q W E R T Y U I O P

A S D F G H J K L

Z X C V B N M

PUZZLE 161:

Clue: a rhythmical beat

T	H	R	O	B
S	W	I	N	G
F	O	C	U	S
S	T	U	M	P
L	A	M	P	S

PUZZLE 162:

Clue: a joint in your body

A	N	K	L	E
R	O	U	G	H
F	I	R	E	D
R	E	S	I	N
S	T	R	A	Y

Q	W	E	R	T	Y	U	I	O	P

A	S	D	F	G	H	J	K	L

Z	X	C	V	B	N	M

PUZZLE 163:

Clue: a building material

B	R	I	C	K
P	L	U	G	S
F	R	E	S	H
T	A	M	E	S
B	O	A	S	T

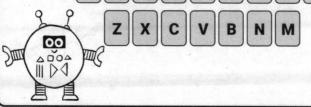

PUZZLE 164:

Clue: register

E	N	T	E	R
C	L	O	U	D
G	U	L	P	S
P	L	A	C	E
Y	E	L	P	S

Q	W	E	R	T	Y	U	I	O	P

A	S	D	F	G	H	J	K	L

Z	X	C	V	B	N	M

PUZZLE 165:

Clue: go fast

H	U	R	R	Y
B	L	A	S	T
N	E	C	K	S
L	A	P	S	E
P	R	O	D	S

Q	W	E	R	T	Y	U	I	O	P

A	S	D	F	G	H	J	K	L

Z	X	C	V	B	N	M

PUZZLE 166:

Clue: a musical instrument

P	I	A	N	O
L	O	C	K	S
S	P	I	L	T
L	A	T	E	R
S	H	E	L	F

Q	W	E	R	T	Y	U	I	O	P

A	S	D	F	G	H	J	K	L

Z	X	C	V	B	N	M

ACE PUZZLER →

🕙 TIME ....

PUZZLE 167:

Clue: a herb

B	A	S	I	L
K	N	E	A	D
L	E	A	F	Y
H	Y	E	N	A
D	E	P	T	H

Q	W	E	R	T	Y	U	I	O	P

A	S	D	F	G	H	J	K	L

Z	X	C	V	B	N	M

PUZZLE 168:

Clue: make anxious

W	O	R	R	Y
C	L	A	M	P
P	A	T	C	H
S	T	R	I	P
P	H	A	S	E

Q	W	E	R	T	Y	U	I	O	P

A	S	D	F	G	H	J	K	L

Z	X	C	V	B	N	M

PUZZLE 169:

Clue: a collection of things

G	R	O	U	P
S	W	A	R	M
A	P	H	I	D
C	H	A	L	K
A	C	U	T	E

Q	W	E	R	T	Y	U	I	O	P

A	S	D	F	G	H	J	K	L

Z	X	C	V	B	N	M

PUZZLE 170:

Clue: a kind of flower

P	O	P	P	Y
C	R	U	M	B
T	E	A	C	H
C	A	B	I	N
S	L	I	C	E

Q	W	E	R	T	Y	U	I	O	P

A	S	D	F	G	H	J	K	L

Z	X	C	V	B	N	M

PUZZLE 171:

Clue: a breed of dog

C	O	R	G	I
S	L	A	N	T
A	S	K	E	D
S	T	U	C	K
U	S	H	E	R

Q	W	E	R	T	Y	U	I	O	P

A	S	D	F	G	H	J	K	L

Z	X	C	V	B	N	M

PUZZLE 172:

Clue: wide

T	H	I	C	K
L	E	M	O	N
G	O	A	T	S
M	A	J	O	R
R	O	B	I	N

Q	W	E	R	T	Y	U	I	O	P

A	S	D	F	G	H	J	K	L

Z	X	C	V	B	N	M

PUZZLE 173:

Clue: join together

U	N	I	T	E
G	R	O	W	N
R	E	M	I	X
C	R	A	M	P
R	O	Y	A	L

Q	W	E	R	T	Y	U	I	O	P

A	S	D	F	G	H	J	K	L

Z	X	C	V	B	N	M

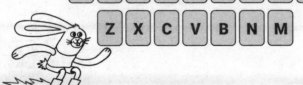

PUZZLE 174:

Clue: a lump, large portion

W	E	D	G	E
I	N	B	O	X
S	C	O	R	N
U	N	C	L	E
H	U	M	A	N

Q	W	E	R	T	Y	U	I	O	P

A	S	D	F	G	H	J	K	L

Z	X	C	V	B	N	M

ACE PUZZLER →

⏱ TIME ....

PUZZLE 175:

Clue: hurl, lob

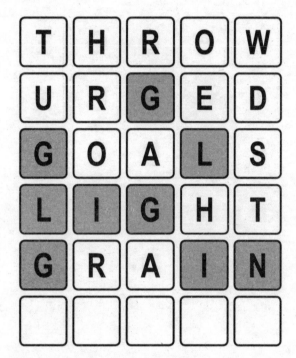

T	H	R	O	W
U	R	G	E	D
G	O	A	L	S
L	I	G	H	T
G	R	A	I	N

Q W E R T Y U I O P
A S D F G H J K L
Z X C V B N M

PUZZLE 176:

Clue: dig

S	C	O	O	P
F	L	U	N	G
L	O	A	D	S
B	L	E	N	D
L	I	V	E	R

Q	W	E	R	T	Y	U	I	O	P
A	S	D	F	G	H	J	K	L
Z	X	C	V	B	N	M

PUZZLE 177:

Clue: incorrect

W	R	O	N	G
D	E	B	U	T
A	M	E	N	D
L	E	A	K	Y
S	L	E	P	T

Q	W	E	R	T	Y	U	I	O	P

A	S	D	F	G	H	J	K	L

Z	X	C	V	B	N	M

PUZZLE 178:

Clue: deliver

B	R	I	N	G
H	U	M	I	D
T	H	O	R	N
H	A	S	T	E
C	H	E	W	Y

Q	W	E	R	T	Y	U	I	O	P

A	S	D	F	G	H	J	K	L

Z	X	C	V	B	N	M

PUZZLE 179:

Clue: symptom of illness

C	O	U	G	H
D	R	A	I	N
Q	U	E	R	Y
C	R	A	V	E
W	H	E	R	E

Q	W	E	R	T	Y	U	I	O	P

A	S	D	F	G	H	J	K	L

Z	X	C	V	B	N	M

PUZZLE 180:

Clue: new, recent

F	R	E	S	H
L	E	M	U	R
A	U	D	I	O
S	N	O	U	T
F	U	N	G	I

Q	W	E	R	T	Y	U	I	O	P
A	S	D	F	G	H	J	K	L

Z	X	C	V	B	N	M

PUZZLE 181:

Clue: teacher, mentor

G	U	I	D	E
R	E	L	A	X
W	A	G	O	N
S	H	O	A	L
Y	A	C	H	T

Q	W	E	R	T	Y	U	I	O	P
A	S	D	F	G	H	J	K	L
Z	X	C	V	B	N	M

All of the
ANSWERS

BEGINNER

1. FAIRY
2. ZEBRA
3. SKIRT
4. LAUGH
5. SEVEN
6. TASTE
7. JUICE
8. BELOW
9. BRAIN
10. WATCH
11. LIGHT
12. LEMON
13. SALTY
14. ADULT
15. CHAIR
16. ACTOR
17. CLIMB
18. MIGHT
19. SPARE
20. COAST
21. THIRD
22. SUPER
23. QUEEN
24. CATCH
25. ARGUE
26. CREAM
27. EAGER
28. GROOM
29. SUGAR
30. STORK
31. PEARL
32. SNORE
33. CHEER
34. TOTAL
35. POINT

INTERMEDIATE

36. SPOON
37. CREPT
38. SLICE
39. TULIP
40. ERROR
41. AHEAD
42. COMIC
43. DIARY
44. SHORT
45. GIANT
46. STYLE
47. MUSIC
48. STEAK
49. CLEAR
50. QUILT
51. BOOST
52. NUDGE
53. CRUSH
54. GUAVA
55. GRATE
56. SCRUB
57. COUNT
58. STALK
59. DEMON
60. GRASS
61. VENUS
62. HERON
63. TRACK
64. KAYAK
65. TWEED
66. AWARD
67. ADORE
68. SQUID
69. CHILL
70. FRUIT
71. BURST
72. SHREW
73. BRASS
74. CRAWL
75. VILLA
76. VALUE
77. TREAT
78. ONION
79. SNIFF
80. HUNCH
81. RAPID
82. DODGE
83. STALL
84. CLOAK
85. PAUSE
86. SALSA
87. CAMEL
88. FIELD
89. SKATE
90. WALTZ

ADVANCED

91. CLOSE
92. GLOVE
93. STUDY
94. GLEAM

95. SHELL
96. BLUES
97. PILOT
98. STORM
99. JOKER
100. SWING
101. VOICE
102. MAPLE
103. TONGS
104. BEIGE
105. MEDAL
106. SMIRK
107. SKUNK
108. VITAL
109. SOLVE
110. VAGUE
111. SHIFT
112. COVER
113. POACH
114. CHALK
115. BERRY
116. THUMB
117. SLUMP
118. ROAST
119. BLEAT
120. FAITH
121. BUNCH
122. SHRED
123. MATCH
124. FAINT
125. GRADE
126. BRINK
127. BLUSH
128. CHEST

129. MIXER
130. ROUND
131. SOLAR
132. SPORT
133. BRAKE
134. TOUGH
135. BATON
136. PRANK
137. MARCH
138. STARE
139. CHOIR
140. TRUCK
141. VIPER
142. MODEL
143. BREAK
144. SIREN
145. PEACE

ACE PUZZLER

146. BASIN
147. FEAST
148. CRAMP
149. DAILY
150. CANAL
151. CROSS
152. CHIRP
153. BEGIN
154. BLANK
155. FLOUR
156. DITCH
157. SHOCK
158. GUEST
159. SPOIL

160. FLAME
161. PULSE
162. WRIST
163. STONE
164. APPLY
165. SPEED
166. FLUTE
167. THYME
168. UPSET
169. BATCH
170. LILAC
171. HUSKY
172. BROAD
173. MARRY
174. CHUNK
175. FLING
176. DELVE
177. FALSE
178. FETCH
179. FEVER
180. YOUNG
181. COACH

Puzzles created by Sarah Khan
Illustrations and cover artwork by Chris Dickason

Cover Design by Angie Allison
Designed by Zoe Bradley and Jade Moore
Edited by Imogen Currell-Williams

First published in Great Britain in 2022 by Buster Books,
an imprint of Michael O'Mara Books Limited,
9 Lion Yard, Tremadoc Road, London SW4 7NQ

W www.mombooks.com/buster

f Buster Books

y @BusterBooks

O @buster_books

Illustrations and layouts © Buster Books 2022
Artwork in this book previously appeared in *Brain Gaming for Clever Kids*,
Word Games for Clever Kids, *Times Tables Games for Clever Kids* and
5-Minute Brain Games for Clever Kids, © Buster Books 2018, 2021
With additional material adapted from Shutterstock.com

A CIP catalogue record for this book is available from the British Library.

ISBN: 978-1-78055-915-5

1 3 5 7 9 10 8 6 4 2

Papers used by Buster Books are natural, recyclable products made of wood from
well-managed, FSC®-certified forests and other controlled sources. The manufacturing
processes conform to the environmental regulations of the country of origin.

Printed and bound in September 2022 by CPI Group (UK) Ltd,
Croydon, CR0 4YY.

MIX
Paper from
responsible sources
FSC® C171272
www.fsc.org